this notebook belongs to

2 2 2 2 2 2 2

2 2 2 2 2 2

2 2 2 2 2 2

3 3 3 3 3 3

3 3 3 3 3 3

3 3 3 3 3 3

[illegible]

[illegible]

[illegible]

[illegible]

[illegible]

[illegible]

[illegible]

5 5 5 5 5 5

5 5 5 5 5 5

5 5 5 5 5 5

6 6 6 6 6 6

6 6 6 6 6 6

6 6 6 6 6 6

7 7 7 7 7 7

7 7 7 7 7 7

7 7 7 7 7 7

9 9 9 9 9 9

9 9 9 9 9 9

9 9 9 9 9 9

K K K K K K K

K K K K K K

K K K K K K

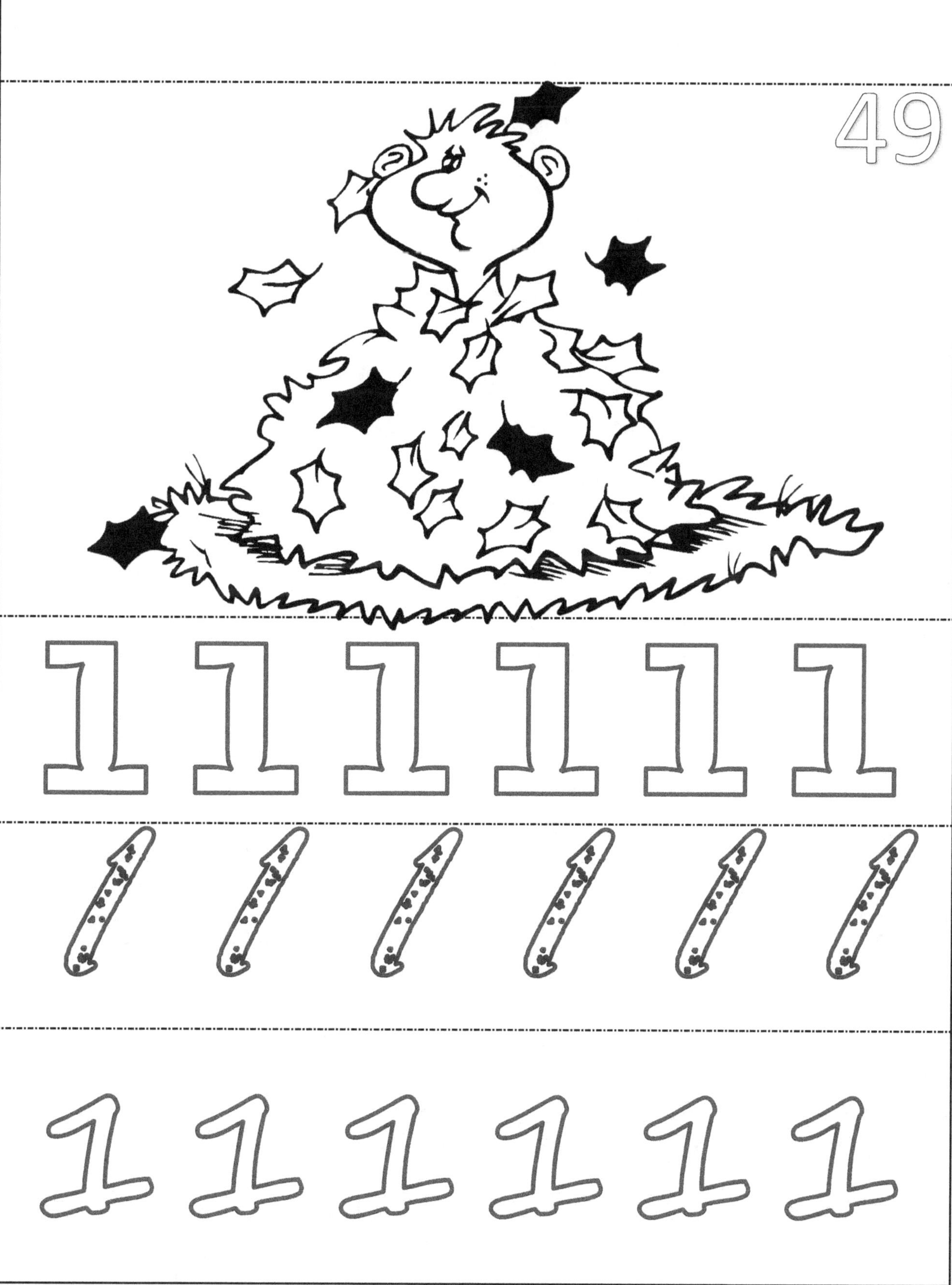

3 3 3 3 3 3

3 3 3 3 3 3

3 3 3 3 3 3

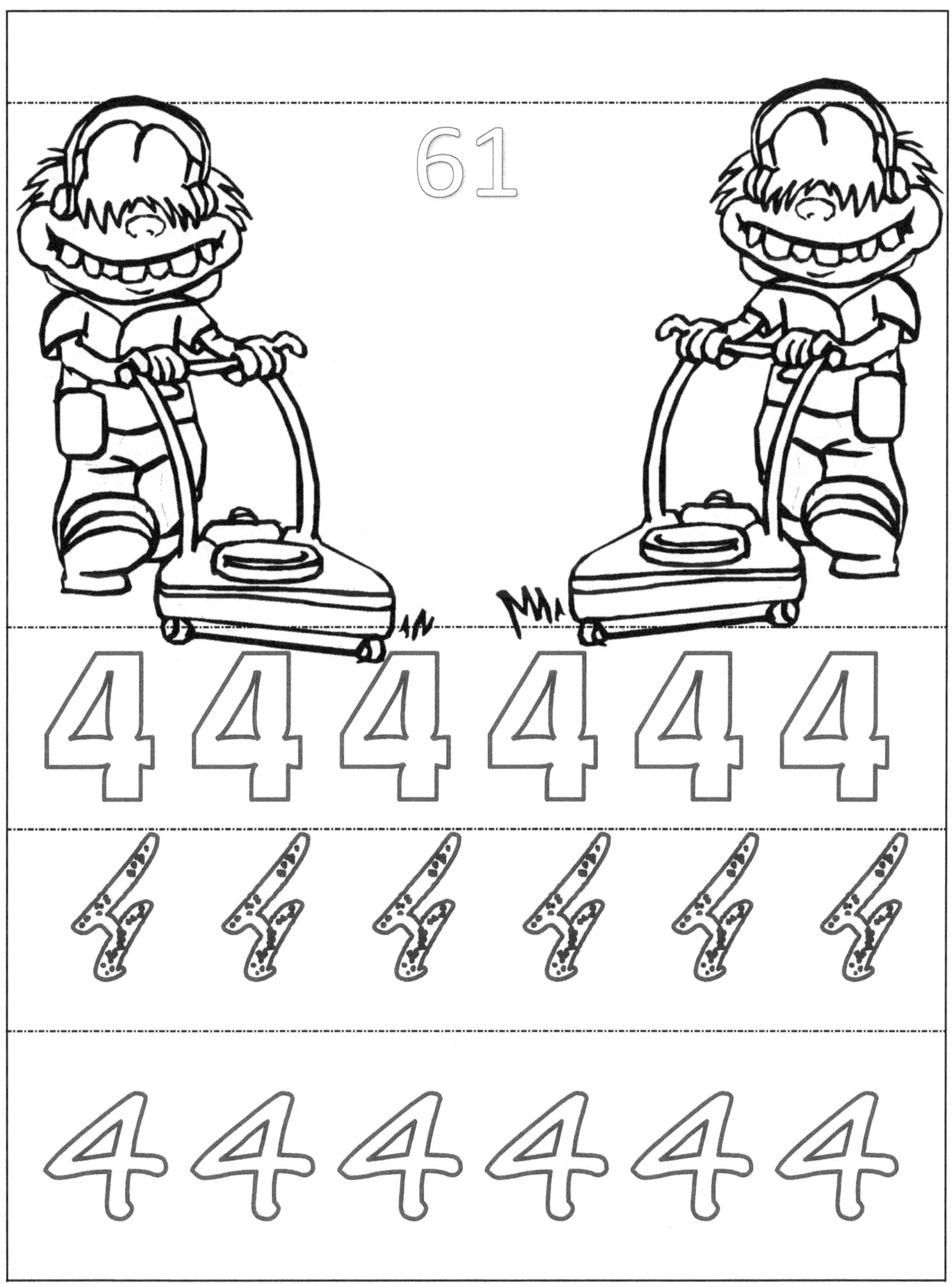

4 4 4 4 4 4 4

4 4 4 4 4 4

4 4 4 4 4 4

5 5 5 5 5 5

5 5 5 5 5 5

5 5 5 5 5 5

83

3 3 3 3 3 3

3 3 3 3 3 3

3 3 3 3 3 3

Z Z Z Z Z Z

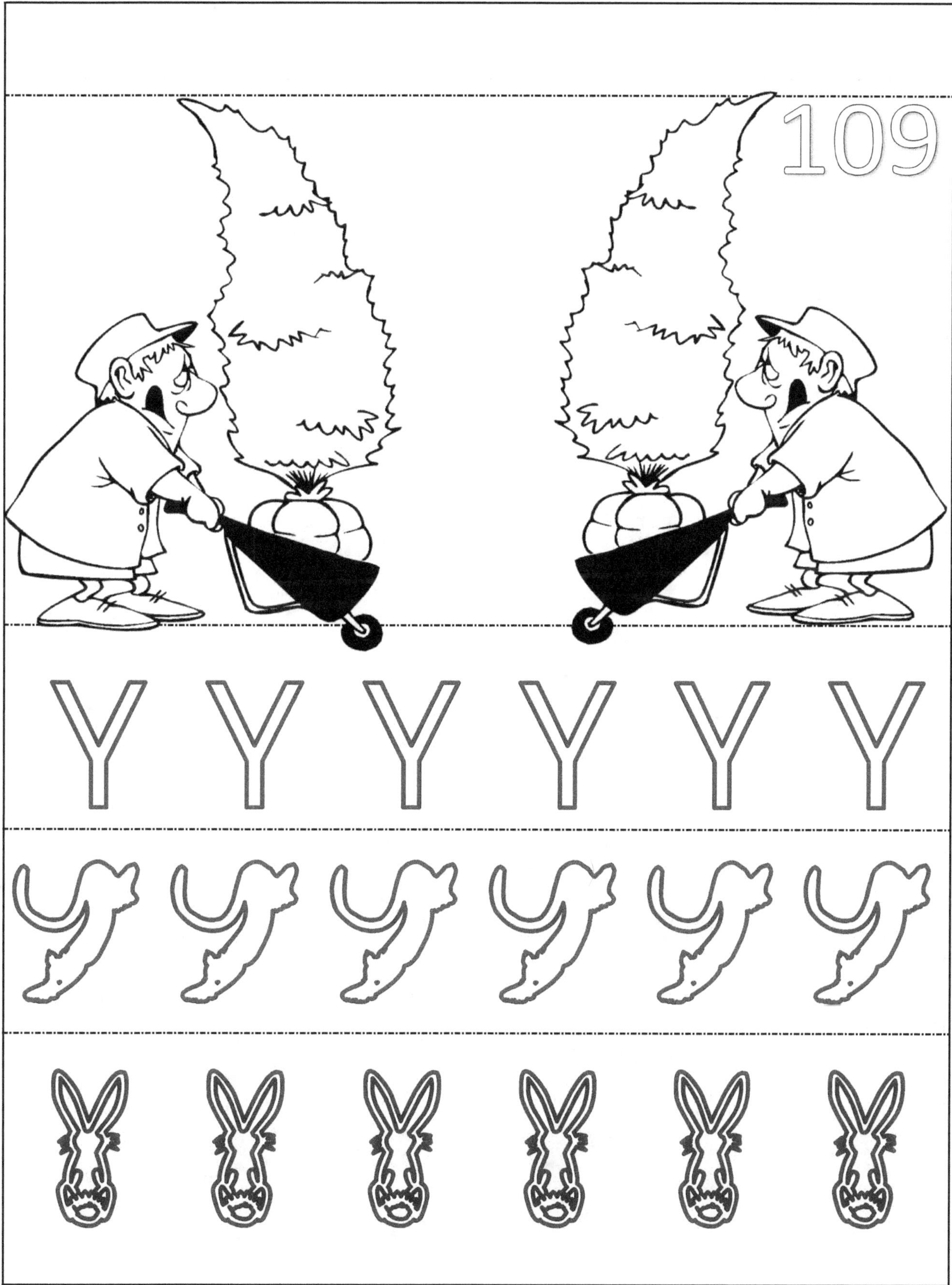

4 4 4 4 4 4 4

4 4 4 4 4 4

4 4 4 4 4 4

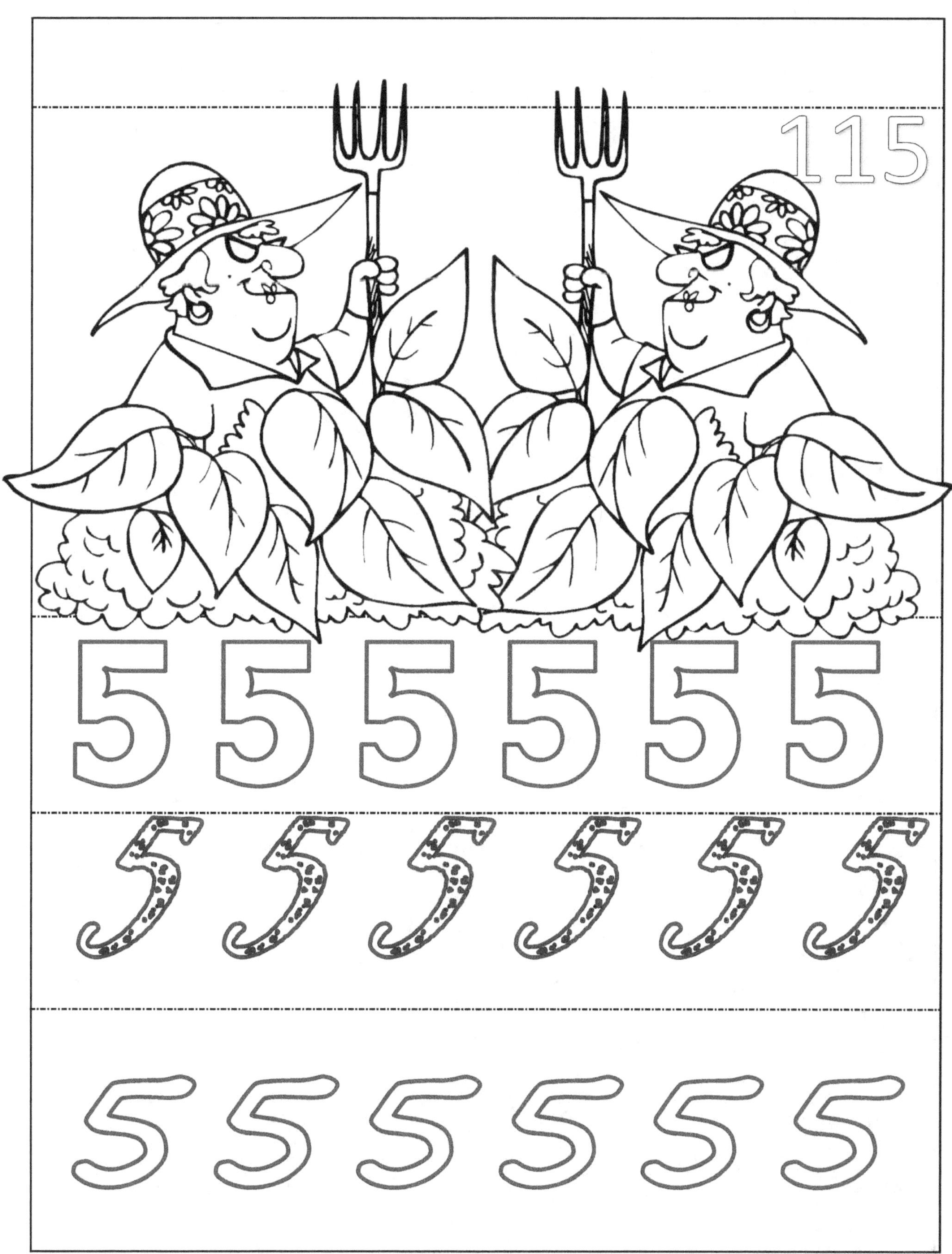

We Create For You

www.ingramcontent.com/pod-product-compliance
Lightning Source LLC
Chambersburg PA
CBHW081437250726
48662CB00009B/2838